추억의 하루

┃장문자 시사집┃

현대문예 작가선 · 177

시인의 말

시詩와 사진寫 집을 내면서

지금이 언제인가
막상 세월을 돌아본다.
부모님의 학구열에 전남 여·중고를 졸업하고 대학에 들어가 보니 달랑 여학생은 나 혼자였다.
4년이란 시간들은 새로운 나란 존재를 만들어 갔다.
졸업을 하고 바로. 성혼이 이루어져 맞이한 낭군은 늠름한 한참 뜨는 일고 야구선수 피처였다. 의젓함 속에 가정을 일궈 사랑하는 장남은 컴퓨터 학문을 통하여 박사 학위를 받고, 장녀는 3D 애니메이션 교수로 후진양성에 혼을 다하는 자식들의 학문적 삶에 행복을 느낀다.

늦깎이로 현대문예에 시인으로 등단, 창작 수업을 받으며 보람된 꽃동산 같은 곳 얼마나 즐거운 줄 모르겠다.
이 같은 제2인생 삶을 영유하다 보니 가정과 지인들이 문득문득 떠올라 "추억의 하루"란 문집을 발간하게 되어 조그마한 정성을 남기고자 한다.

  많은 독자들의 참 좋다 하고 봐주시면 좋겠다. 현재를 생각할수록 옛이 그립고 옛 사진이 그립다.

  감성이 풍성하지 못한 理科生의 딱딱한 표현하며 부끄러운 작품이나마 저의 정성이니 곱게 봐주시길 바라면서 시인의 말로 가름합니다.

2024년 중추
月松 장 문 자

축하 글

장선우 추억의 하루
축하드리며

황 하 택
(사)대한민국문화예가본부 이사장

냇가 쉼 없이 흐르는 물
그저 끊임없이 흐르는 것을
그 심정 뉘가 알리라

용봉골 홍일점의 학생
어제 같거늘
벌써 머리끝 서리가 내리고

청춘은 기억뿐
하고 많은 흔적들이
칸칸이 쌓여있는 행복을 들추어

이제 가을 추수하듯
도란도란 인생을 돌아보며
추억의 하루에 정성을 담아 세상과 노래한다.

축시

장문자 시인

양 홍
현대문예작가회 전 회장

태초에
천사의 깃발이
살고 있었다

순수의 징검다리
밟고 산책하다
다다른 나라

나풀나풀
동산의 향기 속에
둘러싸인 시절

스치는 노래마다
재단하여
꿈옷을 만들었다

창문 열 때마다
휘르르 몰려오는
시심 비둘기들

축시

장문자 시인

박 덕 은
문학박사, 문학평론가

햇살의 금빛 찬란한
사랑스런 산야
거기 평화가 서려있었다

꽃대조차 건강한 하루하루 고요 속으로
정서의 속살을 채웠다

가지런한 치아와 연분홍 수줍음이
가볍거나 무겁지 않은 자세로
사색의 궁궐을 짓고

학창시절 내내 무한한 상상력으로
오솔길 역사를 썼다

따스하고 환한 유전자
그 튼실한 일상위에
다져진 사랑의 근육 늘 호수 빛을 일궜고

낭만의 붓질로 덧칠한 세계관
눈부신 향기를 피워 올렸다

고즈넉한 해름 참에 슬며시 찾아와
생生의 첫 무늬인 듯 짐을 푼 시심

아예 보따리 풀고 동행하며
피리 부는 뱃사공이 되었다
한울 한울 봄바람 모으는

시간의 그네를 타며
쏘아 올린 감동의 전율
오늘도 가슴에 새기며.

축시

장문자 시인

김 우 영
문학박사, 문학평론가

설탕처럼 달콤하진 않지만 언제 먹어도 맛있는
본래 무미無味흰 쌀밥 지순의 맛과 멋의 향취
그것이 바로 달솔 장문자 시인의 시 문학

원숙한 생활에서 고아한 생활 표현
조화의 미美 잃지 않는 문학의 강江
한가한 심경 여유에서 시냇물 같은
솔직한 운문 창작세계의 조화

소박한 시어와 독특한 개성 산뜻한 온아우미溫雅優美
따뜻하며 아담한 점잖은 아름다운 빛고을 시인詩人
그는 바로 이 시대의 가장 위대한
메타포(Metaphor)의 레토릭(Rhetoric)
달솔 장문자 시인의 나래여!

김우영 문학박사, 문학평론가

장문자 시집 **

2 시인의 말
4 축하 글 / 황 하 택
5 축시 / 양   홍
6 축시 / 박 덕 은
8 축시 / 김 우 영

/ 인연

17 나
21 부부
23 부부의 날
25 딸
29 아들
33 아버지
35 사랑해 엄마아빠
37 어머니
39 옹기종기 피 붙이들의 행복
41 못난 딸
43 가족
49 친구 · 1
51 친구 · 2
53 지음 · 3
55 몸짓
59 蘭을 치다
61 합창

** 추억의 하루

2 나의 인생

66　나의 人生
67　나의 여백
68　인연 · 1
70　인연 · 2
72　인생
73　화엄사 오산의 사성암
74　느린 하루
75　찰나의 생각
76　인생의 오솔길
77　이 세상
82　나의 생
79　삶
80　낙엽
81　허전한 맘
82　소식
83　달솔연가

장문자 시집 **

3 봄 배달

- 86   봄 배달
- 87   빈 마음
- 88   빗물 항아리
- 90   이슬방울
- 92   시간의 속도는
- 93   마음의 이력서
- 94   어린 시절
- 95   희망의 나라로
- 96   기억하다
- 97   새내기는 슬프다
- 98   벌과 장미
- 99   사랑해
- 100   좋은 게 좋은 것
- 102   춤춘다
- 103   연분홍 사랑
- 104   행복

** 추억의 하루

4 어둠 헤치고

- *106* 어둠 헤치고
- *107* 귀가길
- *108* 박덕은 미술관
- *110* 게 눈 감추듯
- *112* 자연
- *113* 기다림
- *114* 버거운 짐
- *115* 어스름한 달빛
- *116* 거목
- *117* 우주
- *117* 귀래심
- *119* 안수정등
- *120* 황금 사랑
- *122* 노력의 결과
- *123* 카르페 디엠
- *124* 밝은 삶

장문자 시집 **

5 록보수

126 록보수
127 참마음
128 혀
129 허전한 맘
130 달의 눈물
131 파안대소
132 하루
133 좋은 시
134 가진 자의 기도
136 수녀님
137 바람아 멈춰다오
138 들뜬 마음
139 말의 의미
140 옹기장수
141 나의 삶
142 허공
143 그리움이 머문 자리
145 **평설** / 문학박사 김우영

1
인연

보길도 문학기행

나

선우 장문자

광주 서석교 졸업
광주 전남여중 졸업
광주 전남여고 졸업
광주 전남대학 졸업
고압가스화학 1급 기사
자서전 『굽이쳐 흐르는 강물처럼』
요가 대상 (서구청 주최)
건치대회 우수상 (조대 치대 주최)

들고 다닌 목소리 010-2370-2329
E-mail : cso-2370@naver.com

파리 개선문에서

대학졸업식(1964년 2월 26일)

경주 불국사에서

부부

부부는 영원할 것 같고
무한할 것 같은
어이없게도
착각 속에
지내고 보면
찰나인 것을

우리는 부부라는 인연으로
맺고 살고 있다

늙고 병들면 자식도
다
무용지물
곁에 있어줄
존재는 남편 아내뿐

제주도에서 큰 딸을 품고

부부의 날

부부의 날의 의미 5월21일 가정의 날
5월에 둘(2)이 하나(1)가 된다는 의미로 정했다

부부생활의 지침

1. 항상 웃어라
2. 자존심 내세우지 마세요.
3. 스킨십을 함께 자주해라
4. 끝임 없이 대화를
5. 서로 프라이버시는 지켜라
6. 충만한 삶을 함께
7. 외모에 신경을
8. 모든 결정은 둘이서
9. 억압적인 태도를 버리세요

부부의 날 문자

당신은
내 사람이고, 내 운명이고,
내 전부를 주어도 아깝지 않은 유일한 사람
사랑합니다.

프랑스 피렌체에서 딸과 함께

딸

5월 난초향 인양
봄부터 피어오른
좁으로 솟는 얼굴
일류를 다스린
3D 애니메이션 영상과 교수
너는 늘상 자랑스러운 한 송이 꽃 같은
영원한 피붙이구나.

로마 원형극장에서 사랑스런 딸과

안으로도, 밖으로도 엄마는 참 멋져
내가 이 세상에서 엄마를 가장 존경해
딱 엄마만큼만 살았으면 좋겠다
울 엄마 사랑해
오래오래 같이 살자

사랑하는 막내 동생 진열아 고맙다
미국의사회 회장으로 있을 때
물심양면으로 도와줘
교수가 된 지 20여 년
감사해

아들 대학원 졸업식에서

아들

사내로 다가와

아침 햇살로 밝아온다
부모의 강렬한 학문에 도취되는
그 자식 동인으로
컴퓨터 일구는 보람에
학위까지 받아
21세기 새로운 지도자로
너는 영원하리라.

큰 손녀 백일 기념

어머니, 평생 공부와 취미
배움의 자세가 멋지십니다
심신의 강인함으로 매사 행복전도사로
주변분들에게
희망과 즐거움을 안겨주시는 어머니
존경하고 사랑합니다
늘 건강하시고
하시는 일마다 경사가 계속되시길 기원합니다.
　　　　　　　　　　　　　- 아들 올림

사랑하는 동생 옥배야 고맙다
대학원장으로 있으면서
조카 승승장구로 키워
IT 전문가가 되었단다
컴퓨터 학위까지 받았지
감사해

아버지 생전모습

아버지

엄마의 눈물 젖은 모습

무쇠 같은 근엄함
황금처럼 빛나는 눈빛
육 남매의 최고학부
진리 탐구 위해
유학도 보내셨으니
선각자의 눈물겨운
세월

이 세상에서 가장
자랑스러운 아버지

세상에 태어나게 해주고
훌륭한 시인 되게 만들어 준
河海 같은 부모님

우리 형제자매
잘 키우셨으니
대대손손 빛나는 張 씨 가문.

아버지 회갑 자녀와 행복한 한 때

사랑해 엄마아빠

못생긴 언덕길 오르내리면
그리운 친정집 넋두리 되어
서러움의 무늬가 방울방울 눈물이 주르륵

행여 임의 모습 그림자라도
콩닥콩닥 부푼 가슴 안쓰러워
해님도 처량해 구름 뒤에 숨었네

눈물 젖은 그리움 한 조각
햇볕에 말려볼까 지붕 위로 날려볼까

하늘 잘 보인 숲으로 가자
한없이 불러보는 부모님 꿈에라도 봤으면

보고 싶어 타버린 애간장
소금으로 감추고 또다시 불러보는 이름

메아리도 구슬퍼 온 동래 외치네요
사랑한다고

어머니 생전모습

어머니

세계에서 가장 아름다운 단어
1위 어머니(moter)이다

어머니 1

돛단배 같은 그리움이
밧줄로 꽁꽁 나를 묶고 있다

설렘 하나 얹어 놓고 자신을 본다
비 맞은 낙엽사이로
휩쓸어간 바람에 울음 날린다.

긴 목 빼고 넋 잃고 서 있는
저 얼어 있는 슬픔
찌들은 마음 허공에 날리니
동그란 하늘이 보듬는다.

어수룩한 잡동사니 다 털어내
핑크빛 바탕색으로 만드니
파란 하늘이 함박꽃 쏟아낸다.

서석초등학교 5학년 당시 가족

옹기종기 피 붙이들의 행복

울퉁불퉁 꼬불꼬불
못생긴 언덕길
가시덤불 해를 밟고
산 까치 우지 짖는 길

갈 때 숲 사이로
불어오는 회오리바람
수레로 밀려온 고요
멀기도 하구나

돛단배 같은 그리움 감싸고
눈물 어린 엄마 모습
얼싸안은 길.

추석 때 온 가족이 한 자리에(식모)

못난 딸

피곤한 하루
간밤의 깊은 잠 속에
살강이 내려앉았다

불길한 예감
傘壽를 넘긴 나이
불안한 맘
근무 중이라 하늘만 쳐다보고
맘은 벌써 엄마 곁으로

어머니가 나비로 돌아갔다
나는 달걀 하나를
늦골 아래쪽에 묻었다
복사꽃 하늘이 내려와
가만히 손을 얹는다.

딸 유학을 보내면서

가족

부부를 중심으로 혈연 친족 같은
일상생활을 공유하는 공동체
집단을 말할 때는 가정
그 구성원을 말할 때는 家率

우리 집은 부부 딸 아들 4 식구
딸 아들
시집 장가보내고
단란하게
튀각퇴각 거리며
거친 숨 몰아가며
평화롭게
감 행 조* 하며
잘 살고 있다.

* 감사하며, 행복해 하고, 조심조심

아들 고등학교 졸업식에서

딸 초등학교 때

세자매(작은 언니, 큰언니, 나)

동생(전 전북대 대학원장)

미국에서 사는 의사 막내 동생 가족

전남여고 2년때 친구들과 함께

친구 · 1

보고픈 친구
아름다운 꽃밭에서
두 손을 맞잡고
꽃과 같은 그대 얼굴
반짝이는 그대 눈빛
희망찬 목소리로
우리 우정 다짐했지
영원한 나의 벗
별처럼 빛나리.

전남대 졸업식 날 친구들과 함께

친구 · 2

묵은 김치인양
보고픈 우정

아름다운 화원
내 가난한
언어의 그물에서
사근사근 아린마음
별빛같이 반짝반짝

벽돌같이 쌓아 올린 벗
두툼한 오버 입듯
벗어도 벗어도
그리움은 영원한 듯

시로 맺어진 진한 우정

지음知音

마음이 통한 친한 친구를 지음이라고 한다

서울로 갔다가
광주로 왔다가
중간지점인 대전에서 만났던
지음은 멀리 떠났고

열심인 목사, 사랑하는 지음은 병원에 있고

지금 오직인 지음은 무정하더라.

그러나
나의 지음은
내가 몰랐던 게 부끄럽게도 너무 많았어. 미안해

  * 이 나이에 財테크 할 때가 아니고 友테크할 때
    난 우 택크의 패배자

요가 동작

몸짓

반짝반짝 빛나는 눈빛으로
요가를 한다

자유자재 움직이는 몸동작
성숙할수록 빛이 난다

어쩌면 저런 몸짓을…
탄성소리도 들린다

못했던 아사나가
수월하게 진행된다

혼자 신이 난다
술잔만 한 봄을 가득 채운 기분

미소와 더불어 땀이 쫘악…
아!
이 상쾌함.

서구청 주최하는 요가대회 대상

자서전 출판기념회 때

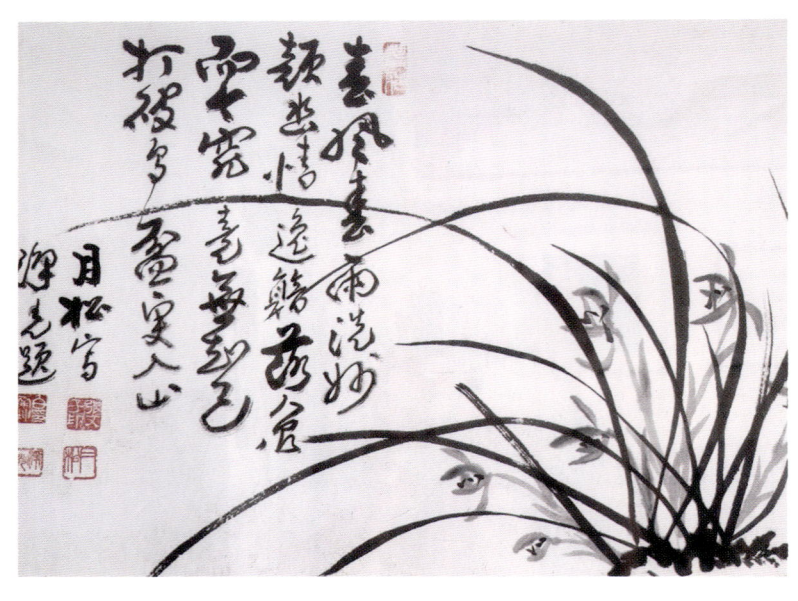

내가 친 난

蘭을 치다

내가 친 난
보고 있으면
파랗게 떨고 있는 입술

그때는 아픔의 자리 메우는 일
아득하기만 했지
맘 달래기 위해 쳤으나
샛노란 외로움
헤아릴 수 없었지

그 순간
시침과 분침이 겹쳐 같다면
이렇게 통으로 찾아온 애간장
길지는 않았겠지

忍苦의 세월 대단하다고
장원 급이라고
찬사 받는다.

그때의 눈물이
자존심 되었지.

합창하는 모습

합창

합창은
호흡법 준비자세 등 노래에서 인생을 배운다
남의 소리도 들어가며 자기의 소리를 죽여
서로 어울림 조화를 이루어야 한다
잘한다고 툭 튀어 불협화음은 바람직하지 않다
소프라노 엘도 테너 베이스의 4중창의 조화는
심금을 울려 영혼 속으로
빠져들어 간 소리가
최고다.

오케스트라 협연

일본 꽃꽂이 경연대회에서

우쿠렐레 공연

2
나의 인생

나의 人生

나에게 남은 生
길게 잡아 십여 년
삔 발목 **삐딱**하면
5. 6년

연습 없는 세월에
뭘 하며 걸어왔을까

병아리 눈물 뾰두라지 아픔
내 안의 우주 휘적시고

내 눈 머무는 곳까지
꽃동산 바라보며
창문 살짝 닫아버린 웃음

왜 이리 화끈거릴까
쓸쓸히 휘어진 미소
촘촘히 내 눈가
주름 된다.

나의 여백

나이 든다는 건
아름다운 꿈 팔아
욕심 채우는 것

의미 없는 삶은
인생의 빈 껍데기

생각의 모자를 쓰고
동그랗게 오므린 가을 햇살
쓸쓸함이 지겨워 가을이 운다

때 묻은 껍데기 벗겨내는 것일까
허름한 허물들 놓아 버려
신선한 알맹이 찾으러 간다

사랑하는 부모님
그 오랜 세월 어찌 살으셨을까
수많은 삶의 조각들 가슴에 묻고
나 또한 그 나이 됐구나.

인연 · 1

지상의 모든 방향은
피었다 지며
서녘으로 향하고
움트는 저녁도 석양에 묻혀
저 너머로 떠난다.

북천으로
땔목 이불 타고 떠나는
마지막 걸음 그 꿈의 여행
파한만장 세계

할아버지 숙모님
그곳에서 잘 계시지요
언제나 인연 되어 함께 살까요

입에 붙은 이름들은
기억을 벗어두고
망각의 길 떠나고
부고장처럼 꺼내보는

쓸쓸한 그리움만
철 지난 계절 껴입고 있다

푸른 나무 고목이 될 때
동심으로 돌아가면
만나질까

피붙이 같은
시간으로 이어진
현생과 후생
그 사이 어정쩡한
생의 환절기 앞에서
신열처럼 꽃피는
그 시절의 봄날
뜨겁게 껴안는다.

천상에서 만나자고
밤이 낮이 되도록
기도드린다.

인연 · 2

어느 운 좋은 날
작은 巨人 어깨 위에 섰기에
감히 거인들과 얼굴 맞대고
졸부가 거인인 양
나도 의사 될 수 있었다

나는 행운아
몇십 년 지나도 못 만날
훌륭한 지도 교수님
부러운 문우님들
먹어도 먹어도 양이 차지 않은 허전함
理科생
文科 공부 어울리지 않지만
상상도 못 했던 詩人이란 낯선 단어
시인 누구누구란 소리 들으며
금상도 타고 대상도 탔단다

인생의 스승은 책이다
갈수록 어려워진 책 보기

시간은 나의 스승
시간의 흐름으로 미운이 고운이 만나
허구와 진실 다 무슨 소용

인생이란 선택이 아니고 주어진 운명
어쩔 수 없는 것

이게 얼마나 갈까
인고의 노력과 기다림
잘 살아 봐야지.

인생

빈 가슴에 차곡차곡 채워 가는 것
밝은 햇볕도 반쪽짜리 달님도
채우지 않아야 할 눈물까지

정겹게 살아가는 것
꽃바람이 둥글게 펼쳐 있는
희망과 축복과 감사로
충만하게 채워진 행복 만끽하며
영혼까지 맑은 동심으로

인생이 어떻게 생겼는지
먹처럼 검은 건지
배꽃처럼 하얀 건지

눈물도 웃음도 흘려보내고
벌과 나비처럼 두둥실
함께 춤이나 추어보세.

화엄사 오산의 사성암

아슬아슬 한
수직절벽에 자리한 鼇山(자라산)
4 성인*이 살았다는 발자취 더듬어
웅장하고 화려한
신의 경지 과연 감탄사 연발이다

자라 산인가
烏山(까마귀산)인가
알 수는 없으나
108 계단은 더 되겠지
급경사의 계단

숨 턱턱 막히는
한숨소리
올라도 올라도
끝 안보인 정상
보일락 말락 가물거린다.

아 탁 트인 사방
가슴이 뻥 뚫린 것 같구나.

  * 4성인 : 원효대사, 도선국사, 진각대사, 의상대사

느린 하루

빛이 걸어온 소리를 듣고
모든 만물 춤을 춘다
나비가 나르니 바람도 나른다.

꽃들도 나를 위해 빨갛게 춤춘데
어둠이 낮을 잡아먹듯
암울하구나.

그리움의 기억은
폭설이 쏟아지듯 밀려오고
어슬렁거리는 하루 주체 할 수 없구나.

슬픔의 크기와 무게는
부풀어 오른 날개처럼
허공을 날고

펑펑 쏟아지는
칼바람을 맞으며
마음을 정돈해 볼거나.

찰나의 생각

순간에 열두 가지 생각한다
가슴속 밀물과 썰물이 들락거려
물결에 철렁거린다

버리지 못한 서글픈 기억
문득문득 떠오르는 상념들
깔깔거린 동심의 설렘

그리움의 각도 측량해 보고
빈 마음에
아름다운 순간을 추억으로 채운다

황금보다 소중하고 귀한 생각
영원 속 깊은 곳에
윤슬로 피어날까.

인생의 오솔길

꽃은 활짝 피었지만
세월은 바람 위로 흐르는 동안
꽃은 지고
엉성한 시간들
하염없이 간다

훔쳐온 그리움
가슴에 묻고
영원 속으로 슬픔 안고 간다

혹여
잊어질까
맘 한구석 푸른 집 짓고
마음 집에 꽁꽁 숨겼지만
어쩌나
망각 속에 사는 인생.

이 세상

신선한 바다 공격한다.
무차별 공격하는 너 누구냐

거대한 고래 뒤뚱거리며
달빛 몰고 기어오른다.

출렁이는 생각
걸음 무겁다

바윗돌 같은 한숨
삼키고 삼킨다

세월 은 그렇게 가고
나 또한 흐느끼며 흘러간다.

나의 생(물의 흐름처럼)

무심한 세월은
강물처럼 덧없이 흘러
어느새 바다에 이르려고 한다
내가 살아온 삶이
어쩜 물의 흐름과 같을지 모른다

물은 바위틈으로 흐르다
웅덩이를 만나면 쉬었다가
앞서거니 뒤서거니 더불어 살아가고
조잘조잘 개울도 지나고
낭떠러지에서 폭포도 이루다가

굽이쳐 흐르는 강물이 되어
활기 넘친 기백으로
넘실대는 대 황하로
내 세상이다 하고
맘껏 氣 펼칠 것이다.

삶

하루를 붙잡고
울고 있는 나

허공 아래쪽 보나
위쪽을 보나
한결같은 허무

바람이 걸음 멈추니
햇살이 살판났다
그런대로 놀아보세

달이 적셔 놓은 길
햇귀처럼 쏟아진다.
무거운 짐 퍼 버리니
두 날개 가벼워
춤추는 인생길.

낙엽

걸어오는 소리를 보며
가슴속 뇌가
한숨짓는다

자존심 뭉게 가며
뼈대 없는 오징어 마냥
이리 뒹굴 저리 뒹굴

주관 똑바로 세워라
속 빈 인생
허공에 발길질하다
코 깨진다.

비에 젖어
햇볕이 쪼아대도
기어갈 줄 모르고
피 흘린 바닥에서
통곡한다.

허전한 맘

오랜 발효로 몸에 안기면
영원을 만끽하겠지

거짓으로 포장해
늙지 말고
아름다움으로
색깔 품은 여시女詩

인생은
흘러가는 게 아니라
채워 가는 것

만삭의 보름달
춤추는 기러기 날갯짓
빛나는 황홀함
혼자 보기 아까워
그대를 부른다.

소식

꽃들의 웃음소리 요란하고
산새들의 즐거운 노랫소리

떠나간 우리 님은 소식이 없네.
꽃 피고 새 울면 돌아온다는

뻐꾸기 소식은 알 수가 없어
풀잎의 이슬처럼 함께 울었지.

달솔연가

을씨년스럽게 비 내리는 밤
보고픔 폭포수처럼 쏟아지고
아픈 이앓이 돼 상념 속 홀로 거닌다

애절하게 부르는 소리
방문 두드리니
신발바닥 매달고 훌쩍 뛰어
아랫목 더듬는다.

가슴 타고 내려온 환한 미소
어느새 나신 되어 울먹이고
거친 춤사위 오디 향 껴안는다.

행복한 내 마음 그네를 타고
곱게 곱게 겹쳐진 구름조각
떼어 낼 마음 시킬 주르륵 비 내린다

임의 애절한 가슴이 노래한다
꿈꿀 때 화답한 비
밤하늘 수놓은 눈 되고

백합 같은 하얀 노래 부르며
임을 위한 사랑의 시
흰 눈발에 태워 보낸다

헤어짐의 조그만 파편
시나브로 찾아온 임 생각
깊게 깊게 심장 떨게 하네.

3
봄바다

봄 배달

마당에 봄볕이 만삭이네요
봄 배달 갑니다.

어디에 둘까요.
장독대 아니면 귀여운 꽃잎에

아름다운 봄볕이 너무 화려해
봄볕과 더불어 춤을 췄어요.

햇볕이 그리는 수묵화를 따라
이 골목 저 골목 따라가 보니

삭아버린 옛 추억 생각이 나서
옛 임 집 그리워 기웃거려 보니
삽사리 강아지 졸고 있네요.

빈 마음

마당의 봄볕을 퍼내고 퍼내와
한 움큼씩 햇볕을
한 장 한 장 바른다
한없이 흘러가는 온기를 실컷 마셨더니
내 몸이 둥그러지며 햇볕 냄새가 가득하다
탁한 마음 균형마저 잃어버린 시간
하얀 저녁까지 환하게 밝힌다

잊어버린 빈 마음 하나하나 찾아들어
한 세상 가자한다
내 안의 시린 북쪽이
이제 100촉으로 밝아지는데
축배는 어디서든 내게 오겠다고
사인을 한다.

빗물 항아리

그늘처럼 빈 독 안으로 들어간다
슬픔이 얼어서 핀 꽃
옹기종기 모여 있는
저 만삭의 몸 짓
요염하다

길고 짧게 펑퍼짐하게
찰랑찰랑 춤추는
간 장속 빗물들

물 항아리 속에 빠진 흑색 진주
날 유혹한다

퍼도 퍼도 흔적 없는 습기 찬 부끄러움
사과 향기 묻은 사람에게
고요가 끊겨버린
하루의 근심 걱정 다 퍼내니
달빛에 졸고 있는 내 모습에 놀란다

못난 슬픔 한 바가지 떠서
빈 항아리에 붓는다
휘어진 달이
불어나는 저녁이다.

이슬방울

새벽이 맑고 흰 속살들로
차갑고 달달해지면
유년의 심장 쪽으로
동그랗게 발자국 모으는
그 시절이 눈뜬다

영롱한 구슬아
낡은 기억 헤집고 나온
네 모습 황홀하구나.

골목과 골목이
빨강 파랑 노랑나비 떼 되고
궁륭穹隆처럼 피어나는
아이들의 웃음소리
살에 꿰어 걸어보고 싶구나

남루한 시간 같은
태양이 무서워 눈물과 몸 감추니

얼마나 가난하고 슬프면
대롱 대롱 매달려 어지럼증 흘릴까

채워도 텅 비어만 가는
내일의 안부
속도 모르고 깔깔거리는
투명한 꽃망울들
또록또록 치열하게 눈뜨고 있다.

시간의 속도는

빈 마음에
햇볕도 넣고
둥근달도 넣자
비와 바람 구름까지 버무려 놓는다
채우지 않아야 할
균형마저 잃어 축 늘어진 저녁까지도
한몫한다고
두 볼이 불그레한 노을이 침을 흘린다.

그리움의 表皮는 30도
인생의 온도는 100도
헛헛한 웃음소리 울음보다 쓰릴 때

빼앗긴 축복은 몇 마일일까
시간의 속도는 얼마일까
우리 함께 공글러 보자

마음의 이력서

좋은 마음 하늘을 날고
나쁜 마음 깊은 나락으로 떨어지는 인생
주는 대로 원칙에 따른다

힘차게 던져보라
돌아온 건 김 빠진 한숨뿐
지나간 슬픈 느낌

사랑 멈추게 한 고질병
사라진 시간의 감정들 주워 담으며
울고 웃고 정담 나누던
그리운 친구들 보이지 않네

어디쯤 가고 있을까
병들어 누워있고
가슴 아파 울고 있을 벗들
아파도 살아 있음에
더 보람 찾아 새처럼 날아오른다.

어린 시절

정겨운 고향하늘
가고파 품속으로
파란 구름 춤추며 손짓한다.

까마득한 옛 얘기
꿈에나 만나볼까
아지랑이 안개 속 무엇하고 있을까
몰래 감춰진 그림자들

피래미 군단이 은빛 휘날리며
종횡으로 물살 가르고
번개처럼 사라진다
잔잔한 물소리에 이가 시리다.

희망의 나라로

옥인생이란
빈 가슴에 차곡차곡 채워 가는 것
밝은 햇볕도 넣고 반쪽짜리 달님도
채우지 않아야 할 눈물까지도

우리 정겹게 살아보세
꽃바람이 둥글게 펼쳐있는
희망과 축복과 감사함으로
충만하게 채워진 행복 만끽 하면서
영혼까지 맑은 동심으로

인생이 어떻게 생겼는지
먹처럼 검은 건지 배꽃처럼 하얀 건지

그리움의 표피와 내면은
축복 속에 사는 그들
표피는 화려하나 내면도?
모두 다 같을 거야

눈물도 웃음도 흘러 보내고
벌과 나비 두둥실 춤추며
희망의 나라로…….

기억하다

옥수수를 먹는다
건너편 아파트
꼭 이 빠진 옥수수 같다
가난이 물려 있다
저기
다 찢긴 실루엣
사라진 감촉들이 삐죽삐죽.

새내기는 슬프다

사랑의 눈이 백 개라면 사물의 눈은 천 개
뒤처지는 발바닥
신발을 섬긴다.

멍하니 푸른 하늘 창공을 보는 지평선이
수평선에게 말을 건다
내 맘이 네 맘이 될 때까지

곡선도 직선으로 나타나겠지
우리 공평한 평화를 위하여
발바닥이 슬프지 않게
공들이자
폭신한 새내기의 꿈을.

벌과 장미

요염하게 피어있는
아름다운 장미여
꺾기고 싶은 고고함
눈물겹구나.

찔린 가슴 아파 우는
향기로운 벌이여
책임 완수 철저한 목숨 건 가련함
우주만물 아는가?

벌과 장미
한 쌍의 조화여
아름다워라
훈장이라도 달아주고 싶구나.

사랑해

녹슬어가는 시간 멀어져 가고
저녁노을 아득한데
외로움의 깊이와 높이
빈 날게 안고 살아가는 나

꿈에 본님
방긋 웃는다.
우울했던 마음 환해진다
붉은 얼굴 햇살처럼 반가움에
찌는 밤공기 흔든다

다시 못 볼 것 같은 얼굴
보고픔에
어찌 잊으리
가는 말 오는 말 접어두고
한 번 더…

좋은 게 좋은 것

가장 잘한 게 좋은 것이다
내가 친 蘭 30년 됐지만
항상 봐도 명품이다

산수傘壽*를 넘겼지만
지금이 일생일대의 호시절이다
지도 교수님도 이웃들도
새내기를 칭찬해 주고.

20여 년 요가수련으로
굽지 않은 허리 부러워한다.
건치 상 받는지 8년
지금도 不變
원하는 게 없이 올곧게 태어났고
바르게 길러주신
河海같은 부모님
울 가족의 德澤

感 幸 調(감사하며 행복하게 조심조심) 하면서 산다.
앞으로 바라는 건

나의 인생
誠實한 삶뿐

   * 산수 팔십세를 일컫는 말

춤춘다

빛이 걸어오는 소리
비 내리는 촉촉함에
언 땅에 솟아나는 새싹들
하늘의 감사함에 춤을 추네

내려쬐는 태양
주워 담은 햇살
새벽 별들의 반짝이는 소리
웃고 있는 보름달에
나의 마음도 밝아지네

내 나이 산수가 넘었으나
활동력 있는 몸놀림
청명한 귀
아름답게 비취는 밝은 눈
육체의 고마움

추억의 손가락 하나둘 떨어져 나갈 때
가슴 떨며 슬퍼하지 말고
영혼이 맑기를 기원하며
정신의 총명함에 춤춘다.

연분홍 사랑

언덕마루
이끼 낀 시간
깊어져 가고

노을 아득한데

외로움의 깊이
빈 날개 안고
살아가는 새 한 마리

꿈에 본 낯익은 둥지
바람에 흔들리며 웃는다
어느새 어두웠던 마음 흔적 없고

산딸기 향 짙은 햇살 되어
찌는 밤공기 털어낸다

가슴 가득한
보고픈 내음 어찌 모른척하랴
눈시울 적신 눈물, 닦아주려 오고 있다.

행복

추억 속의 하루
내 삶 속에 묻어난 향기
고은 내음 풍길 때
피어나는 향수처럼

가슴에 가득 품은 그리움
못생긴 파도처럼
울렁이는 밤
환한 거울 되어
웃고 있는 너
웃는 너를 보고 있는
나
이게 바로 행복이야.

4
어둠 헤치고

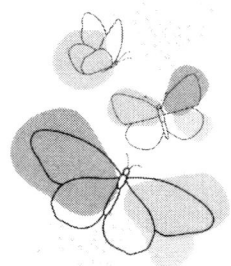

어둠 헤치고

붉은 달이 침묵 속에서
구석구석 뭉그러진 순간
슬픔이 일어난다

수줍은 꽃이 피어나자
해에게서 피 비린내가 난다
위를 쳐다보니 푸른 흙내음 소리

꽃향기 묻은 이에게
미심쩍은 황토색 내음
고요가 끊어져 버리고
갈길 방황하는 전설의 언어들
언제나 끝이 날까

햇볕이 어둠을 걷치고
환하게 미소 지으며
등 뒤에서 손짓한다.

귀가 길

가슴 파고드는 답답함으로
열화의 저기압 폭풍 몰고 와
늘어진 가슴에 뿔났다
엉기성기 엮여
몸의 비듬 주르르 흘러내리니

진정하자 진정하자
되뇌며
내면의 감정 털어버린다

캄캄한 어둠 헤치고
밝은 태양 맞으러

오늘도 아쉬워
한숨짓는 발걸음
천근의 한 가슴 무심하구다

박덕은 미술관

감히 미술관에 대한 평은 쓸 수가 없고
10만 평 맑고 푸른 초원
神의 경지에 오르는 600점의 웅장한 미술작품
스위스에서나 볼 수 있는 절묘한 풍경
건축물과 어우러진 기기묘묘한 작품의 조각공원
天上의 낙원 같은
얼굴 맑게 비치는 투명한 호수
강천산 정기받아 더불어 빛나는
지도교수님의 피 땀 흘린 명품들

작가의 인생
仁義禮智信을 다 갖춘
교수님
우러러 존경합니다.

뒤돌아보며
여유롭게 세상 유람해 가려면
끝없는 욕망

지금으로도 충분합니다.

멋있게 늙어갈 용기가
필요합니다.
기쁨과 사랑과 감사를 꿈꾸며

게 눈 감추듯

빡세게 요가를 하고 오니
배가 천장에 붙어있다네
졸고 있는 냉장고
확 열었더니
화들짝 놀란 내장들
와르르 쏟아지네

먹음직스런 A+는 없고
간과 허파뿐이네
어쩌다 생각나 순대를 찾으니
어디에 숨었는지
숨바꼭질이 장난이 아니네

순리를 뒤집는 추운 겨울에
언 땅속 파헤쳐 만든 수박
먹고 싶다

생동감 넘치는 시장으로 GO GO
살아 꿈틀거린 오징어 낙지

탕 탕탕
소금참기름 듬뿍 발라
게 눈 감추듯
침이 꿀꺽 나오게
후르르 목구멍으로

보고 있는 옆 사람 침 넘어가는 소리…

자연

나무는 말이 없다
수 천년동안 묵언 수행 중
그러나
고은바람 스치면 살랑살랑 춤추지만
태풍이 몰아치면 가지들 얽히고 설켜
꺾기고 알몸 들어내고

거대한 눈보라 휘몰아칠 때
조용하던 나무들 몸살 앓는다.
눈물 흘리며 할퀴고
죽죽 할퀸 앙상한 뼈 자국들

바다도 무섭다
颱風이 불고 눈보라 휘몰아치면
바닷속의 오묘한 귀물들이
신나게 세상구경 하고

평화를 만끽하며
재 위치로 돌아가는 게
자연의 순리

기다림

강물 따라 출렁인데
빛바랜 노을빛
슬픔의 자국마다 감출 수 없구나
흩어진 별방울 쏟아진다.

버거운 짐

살이 타 들어간 뙤약볕
고된 짐지게에 지고
요염하게
앉아 있는 입 벌린 배불뚝이
흐르는 땀방울 녹아난 쇳물

초롱초롱 눈망울들 어른어른
등골 조여 오는 삶의 무게
가벼워진 짐이라 면 춤을 출 텐데

폭염이 몰려온다
오늘도 헛발질이네
그래도 감사한 맘
정성 다해 빌어본다.

어스름한 달빛

그대는 어떤 모습인가요
연필처럼 긴가요
공처럼 둥근가요
고추처럼 매운가요
사탕처럼 단가요

문득문득 떠오른
아름다운 모습
보고픔은
한 근인가 두 근인가

눈물 흘린 내 모습
너를 기다린다.

거목

옛 선인들 도량이 한량없구나
어느 누구 작품인가 웅장도 하여라
온 누리의 그대의 넋
그윽이 살아있는

세월의 뒤안길에 너의 모습 아름답구나
자비로운 그 자태는
온 누리에 은혜되고
기나긴 세월 속에
그대 자태 웅장하구나.

우주

좁쌀 한 알 속에도 온 세계가 들어있다
지렁이도 지하에선 왕
태양에서 보는 세계
좁쌀만큼 하겠는가.
.
무지개 그리운 인생길
낙락장송 하여이다
천지 만물 다스리는
위대하고 거룩한

우러러 존경하는 마음의 태양이여
해가 뜨면 햇살이 빛이 나고
해지면 축 처진 암울한 고뇌
감출 수 없네.

달이 뜨면 달빛이 그립고
달이 지면 그 그림자에
나도 울고 싶은
작은 지상의 여인이여!

귀래심歸來心

세상을 살다 보면
수많은 마음의 일에 접한다.
고운 마음 미운마음 슬픈 마음도
마음들은 이리저리 뒹굴다가
결국 자기 주인에게 돌아간다.

세상에 공짜는 없다
베풀 만큼 받는다.
주는 대로 되돌아온 진리

주인 없는 마음 없고
마음 없는 주인 없다.

안수정등 岸樹井籐
- 불설비류경에서

나그네가 터덜터덜 황야를 걸어가는데
뒤에서 맹수가 쫓아오고
앞에는 우물이 가로막고 있다
그 속으로 뛰어들었으나

곧 뽑힐 것 같은 작은 가지에 매달리게 된다.
그 아래를 내려다보니
4 마리의 독사가 입을 쩍 벌리고 있고(춘하추동)

위를 쳐다보니 흰쥐(낮)와 검은 쥐(밤)가
번갈아 가면서 나뭇가지를 쪼고 있고 있다

그 찰나
나뭇잎에서 달달한 꿀물(향락)이 흘러
그것을 정신없이 핥고(香樂) 있다

곧
가지는 부러질 텐데…

황금 사랑

문득 생각이 난다
순간이긴 하지만
그리워해 보기도
사랑받아 보기도 했지
그건 하나의
추억으로 남기고픈 아름다움이었다

펄펄 쏟아지는 함박눈 맞으며
휘어진 달그림자에 두 손 꼭 잡고
한없이 거닐던 지산동 고샅길
달임도 시기하듯 구름이 가렸지

고봉으로 사랑도 해 보고 싶었는데
민통련 총무라는 이유로
빨간 벽돌집에

졸업식에 온다는 약속 대신
기다리지 말란 달랑 엽서 한 장

속절없는 나는 면회를 갔고
되돌아오는 길에
검은 하늘 야속한 해님은 웃더라

꽃과 바람과 당신과 함께
벌써 옛날이 돼 버린 그리움
지금도 기다린다
헛헛한 웃음에
빈 가슴 녹아난다.

노력의 결과

인연은
운명이지만

인생에 깊이 더해 준 당신
삶이 향기롭고 행복해요

바람결에 살며시 들리는 소중한 목소리
필요할 때 용기 북돋아준 당신

어리석고 부끄러운 짓 하늘이 알까

사색의 모자를 쓴 영혼
맑은 영혼에 키스하고픈 맘

허우적대는 인생
삶의 공식

일상을 침착하게
좋은 열매를 위하여.

카르페 디엠 Caepe Diem

내 카톡 이름이 카르페 디엠
내일은 없다
오늘을 근심 걱정 후회 없이
지금 살고 있는 이 순간에
충실해라
오늘 최선을 다해서
현재를 즐기라

이 또한 지나갈 것이니
전쟁공포 벗어나
어떻게 하는 것이
즐기며 노는 간지
행복해야 성공할 수 있다고

밝은 삶

인간에게는
열정의 에너지가 필요하다
기억력과 창작력은
나이가 들수록 더 좋아진다

긍정적인 이들은
부정적 인식을 가진 이에 비해
기능적 건강이 훨씬 좋다

긍정적 인식을 가진 사람들은
"숙성된 와인"이라고 스스로 생각한다.

노화는
그 자체 보다
아직도 젊다는 연령인식이
노년의 몸과 마음에
더 큰 영향을 준 것 같다

5
록보수

록보수錄保樹

마당가 봄볕이 포근해
팔짱 끼고 마셨더니
달구새끼 쫄쫄 쫄 함께 마시자 하네
선이 고은 그림자
폼 나게 그렸더니
한파에 말라비틀어진
고목이었네

혹한 속 짠한 나무들
불쏘시게로도 아깝지
빨간 장미꽃
화려하다 못해 검게 타버린
반짝이는 연술이었네.

장미꽃 한아름 받지 오리니
옛 생각나지 않게
록보수야 미안해.

참 마음

곁을 스쳐가는 건
그리움만은 아니라

사랑도 미움도
다 지나간다.

바람에 흐르는 속삭임도
추억만 남기고 간 슬픔도

스쳐가지 않는 건
오직 한 가지

어여쁜 꿈 키운
내면의 아름다움뿐.

혀

인간의 혀
그것은 고운 말만 할 때 나오는 황금

말은 사람의 향기다

향기 나는 꽃을 보라
향기는 우리를 흡입한다
사람을 끄는 마력처럼

사랑해 고마워 감사해 잘했어
내가 가장 잘 쓰는 단어

말은 인격이고 뜻이며 꿈이고 사랑
좋은 말 행복을 부른다.
웃으면 복이 오듯이

우리 곁에 향기 나는 사람이 많았으면 좋겠다

부드럽고 따스한 혀
복되고 향긋한 혀
잘 굴리자.

허전한 맘

오랜 발효로 몸에 안기면
영원을 만끽하겠지

거짓으로 포장해
늙지 말고
아름다움으로
색깔 품은 여시(女詩)

인생은
흘러가는 게 아니라
채워 가는 것

만삭의 보름달
춤추는 기러기 날갯짓
빛나는 황홀함
혼자보기 아까워
그대를 부른다.

달의 눈물

달의 소리 들으며
바닷가에 갔다
밀물 썰물 소리 갯벌 위에 가득하고
요란한 바닷소리
정적 흔드는데

갓 꺼낸 달빛
바닷물에 기대어
허기진 노을 슬퍼
달이 눈물 닦는다.

구겨진 일상들이
돌고 돌아
젖은 가슴 슬픔으로 말리면

철석이는 물소리
가슴에 젖어든다.

파안대소

휘어진 초승달에
초라한 모습 비춰 보면

눈물로 얼룩진
부풀어 오른 푸른 시간들
웃음으로 꽃 피운
창작 공부하는 눈동자 반짝반짝

잠깐의 망언으로
속 좁은 생각일랑
훨훨 날아가는 뭉게구름에
소낙비 한 줄금 입맛 다신다

좋은 감정 깊은 곳에 감추고
나쁜 감정의 쓰레기
바람에 날려 보낸다

가슴 쩍 벌어질 것 같은
환희에 차 있다.

하루

배고픈 저녁을 데리고
종일 걸어가니
보름달 보다 더 큰 빵에 눈이 번쩍
누런 긴 막대 단팥빵 빨간 케첩
살판났다

개구리와 초승달도
함께 마셔도 좋소
싫건 먹고 즐기니
어느새 둥근달 보인다

꽃잎에 취한 인생
오늘도 잘 살았다네.

좋은 시

시가 품위 있어 보이는 건
정신세계가 맑기 때문인지
맑은 정신의 생각이
고운 시를 만든 것인지

시를 생각하면
파도에 밀려 나가기도
밀려온 파도가 덮쳐와서
상처를 어루만지기도

살다 보니 좋은 사람
운이 좋은 인연 만들고
좋은 시 좋은 작품
상도 타더라.

가진 자의 기도

어쩌면 모든 게
자기 것이라 생각했는지 모른다.
실은 하나도 자기 소유는 없는데

가진 것 없이 번뇌의 가두리에 갇힌
모든 존재하는 상태를 有所有라고
필요한 것만 가진걸, 무소유라오

오래 사는 게 문제가 아니라
어떻게 사느냐가 문제
말이 아닌 행동하는 신앙인

돌같이 딱딱한 마음 녹이고
서로 돕고 사랑한 것이
참다운 신앙인이다

모든 사소한 일로 나를 흔들어 놓았다
얼굴을 가꾸고, 꽃나무를 가꾸는 것보다
마음 가꾸는 일, 가장 어려운 것임을

마음을 다스리지 못하면
악이 나를 점령할 것이다

땀내와 사랑 내 포근히 풍긴 선물
나는 나에게 작은 손 내밀어
눈물과 위안으로 잡은 최초의 손

감사와 겸손으로
부처님께 기도를.

수녀님

숭고한 수녀님
청량한 몸가짐 잔잔한 미소

달지 않은 빈 주머니
맑은 물 뚝뚝 떨어질 것 같은 눈망울

무엇이든
자기 것은 없단다

연필은 필수
쓰다가 지워서 다른 수녀에게로

갈 때는 속인이나 똑같데요
빈 몸 입은 그 옷뿐

오늘도 희망으로 깨어나고
기쁨으로 살아간데요.

바람아 멈춰다오

통 큰 바람에 찌그러진 시간들
바람이 걸음을 멈추니
온갖 새들 고맙다 인사한다

날아간 낙엽들도
흐느적거리며
조용히 주저앉는다.

한기에 떨고 있는 찢긴 나뭇가지들
호호 불며
두 손 모아 살포시 잠들게 하소서

빗님이 올라왔어요.
빗방울이 땅을 강타해요
난 슬퍼요

영혼이 깨질 것 같이 세찬
땅이 얼마나 아파할지
그만 잠재워 주오.

들뜬 마음

당신은 누구신가요
글썽인 그리움
끝내 깊은 늪 헤매게 하는군요.

두 볼 방그레한 노을
허공 번지며
아득히 먼 그곳에서
손짓합니다.

상념의 매듭
언제쯤 창문 열고

시들어간 꽃잎
고개를 들 시간
기다릴까요.

아!
언덕 넘은 산 그림자
조용히 살라는 말
진실인가요.

말의 의미

말이 많으면
말의 무게가 여물지 않고
가벼워 의미가 없다

침묵의 여과에 의해서
여물도록 해야 한다

입에 말이 적으면
어리석음이
지혜로 바뀐다
찰나(刹那)에 생각이 안 나
말을 못 한다면 얼마나 슬픈 일인가

순발력 있고 위트 있게
예쁜 목소리로 얘기하는 사람
정말 부럽다

언어도
신의 축복이 이루어질 때
소리에 꽃이 피어난다.

옹기장수

저마다 입 벌리고
하늘 가득
제 몸 자랑하는 배불이들
바지게 지고 가노라면
비 오듯 땀에 젖은 등골

고단한 삶 받쳐놓고
담뱃대에 불을 붙여
행복한 연기
항아리마다 가득 채워
일어선다.

나의 삶

먼 길 돌아 길게
허둥대며 살다 보니
바람에 낙엽처럼 내리고

천둥 울어도
하염없이
시간에게 끌려가다가

엉성한 세월 속에
홀로 꽃 피우고
유유자적 구름처럼 흘러가네

슬픈 인생인가
환희에 찬 인생인가
덮어 주는 따스함은 사랑
쌓여 가는 굼뜬 몸짓의 그리움.

허공

바늘구멍으로
검둥이 지나간다
바닥에 비구름 천장엔 흙먼지
모여 살고 있다

언젠가는 가는 곳
그립고 서러운 황톳길
날으는 구름 기어가는 무지개
티끌 속으로 사라지는 영혼들

가도 가도 끝없는 허무
못생긴 언덕길 오르다 보면
고운 이 추한 이 만나겠지

참되게 살다가
천상으로 스며들었으면
간절히 원하는
작은 여인의 통 큰 바램.

그리움이 머문 자리

강물 따라 마음 흘러가고
노을빛만 가득 하나
가슴속 슬픔은 감출 수 없고
별꽃 올망졸망 쏟아진다

어깨너머
세월만큼이나 무거운 짐
아침 햇살에 파고드는 그리움
사라진 꿈 추억 불사르니
남몰래 애태운 아련한 사랑
레몬과 보고픔도 함께 마셔요

지상의 별들도 외로워
눈물지으며
함께 하잔 다네.
창밖 귀뚜리
임 그리듯 처량하다.

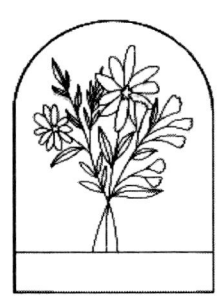

평설

문학박사 김 우 영

문학박사 · 문학평론가
문화체육관광부 국립국어원 문장감수위원

달솔 장문자 시인 첫 시집
『추억의 하루』 작품해설

소박한 시어와 독특한 개성, 산뜻한 온아우미(溫雅優美)의 메타포(Metaphor)레토릭(Rhetoric) 서정성 풍요

문학박사 김 우 영

□ **여는 시**

설탕처럼 달콤하진 않지만 언제 먹어도 맛있는
본래 무미(無味)흰 쌀밥 지순의 맛과 멋의 향취
그것이 바로 달솔 장문자 시인의 시 문학

원숙한 생활에서 고아한 생활 표현
조화의 미(美)잃지 않는 문학의 강(江)
한가한 심경 여유에서 시냇물 같은
솔직한 운문 창작세계의 조화

소박한 시어와 독특한 개성 산뜻한 온아우미(溫雅優美)

따뜻하며 아담한 아름다운 빛고을 시인(詩人)
그는 바로 이 시대의 가장 위대한
메타포(Metaphor)의 레토릭(Rhetoric)
달솔 장문자 시인의 나래여!

  _달솔 장문자 시인 첫 시집 『추억의 하루』 축시 전문

붉은 달이 침묵 속
구석구석 뭉그러진 순간 슬픔

수줍은 꽃이 피어나자
해 에게서 나오는 피 비린내

위를 쳐다보니 푸른 흙내음 소리
꽃향기 묻은 이에게

미심쩍은 황토색 내음
고요가 끊어져 버리고

갈 길 방황하는 전설의 언어들
언제 끝이 날까?

햇볕이 어둠을 걸치고
환하게 미소 지으며

등 뒤에서 손짓한다
　　_달솔 시인의 시 「어둠 헤치고」 전문

1. 여는 시 '어둠 헤치고' 나래를 펴다

　대한민국 대표적인 예향(藝鄕)빛고을의 '달솔 장문자 시인'. 그간 열정을 다하여 올 곧은 필력의 레토릭(Rhetoric)으로 빚어낸 메타포(Metaphor)의 신나는 보람과 향연에 첫 시집 『추억의 하루』가 세상에 선 보인다.

　달솔 시인은 일찍이 문학적 자질이 있었던 시인이었다. 지난 2017년 10월 달솔 시인의 노력에 결과물인 자서전 『굽이쳐 흐르는 강물처럼』이 출간되어 화제가 된 바 있다.

　이 저서에는 비교적 부유한 가정에서 태어나 당시로서 보기 드문 대학 출신의 엘리트로서 세파에 휘둘리지 않고 요조숙녀로 성장한 장문자. 그 흔한 연애 한 번 해보지 못하고 중매로 결혼한 사연, 가정을 이루어 강물처럼 흐르는 세월에 부초가 아닌 맹그로브 나무처럼 강바닥에 굳건한 뿌리를 내려서 가지 뻗고 둥치를 키워 좋은 열매를 얻어가는 과정을 여성다운 섬세한 필치로 그려냈다는 평가를 받았었다.

　달솔 시인의 저서를 본 광주예총 임원식 회장님은 이렇게 말한다.

"장 시인의 저서 『굽이쳐 흐르는 강물처럼』에서는 담담하며 그야말로 흐르는 강물처럼 그윽하지만 화려하지 않고, 향기가 물씬 나지는 않아도 입 안에 물고 싶은 고요한 식감(食疳), 설탕처럼 달콤하지는 않으나 언제 먹어도 맛있는 본래 무미(無味)의 흰 쌀밥 같은 지순의 맛. 바로 한국에 고유미(美)를 미련없이 방출한 장 시인의 문학세계였다."

한국문화해외교류협회 호남지회 지회장 김현철 명예문학박사는 이렇게 말한다.

"장문자 시인님의 문장 속에는 원숙한 생활에서 우러나오는 고아한 생활의 표현이며 조화의 미를 잃지 않는 문학관이어요. 한가한 심경에 따라 마음의 여유에서 솔직한 독백을 통하여 독특한 개성을 가지고 표현하는 산뜻한 글이지요. 따뜻하고 아담하며 점잖은 아름다움이 이른 아침 이슬이 고인 온아우미(溫雅優美)의 작품이어요."

2. 소박한 시어와 독특한 개성, 온아우미(溫雅優美)의 메타포(Metaphor) 레토릭(Rhetoric)의 서정성 풍요

가. 보태지도 빼지도 않은 담담한 달솔만의 유니크(Unick) 시 문장 특징

마당에 봄볕이 만삭이네요

봄 배달 갑니다

어디에 둘까요?
장독대 아니면 귀여운 꽃잎에

아름다운 봄볕이 너무 화려해
봄볕과 더불어 춤을 췄어요

햇볕이 그리는 수묵화를 따라
이 골목 저 골목 따라가 보니

삭아버린 옛 추억 생각이 나서
옛 님 집 그리워 기웃거려 보니
삽사리 강아지 졸고 있네요
– 달솔 시인의 시 「봄 배달」 전문

위 시 '봄 배달'의 시어에서는 그야말로 소박한 시어와 독특한 개성 산뜻한 온아우미(溫雅優美)의 따뜻한 서정성이 농후하다. 보태지도 빼지도 않은 담담한 달솔만의 유니크(Unick)한 시어 전개가 특징이라고 볼 수 있다. 근래 포스트 모더니즘(PostModernism)문학, 즉, 모더니즘의 계열처럼 난해하거나 고답적이지 않다.

어디에 둘까요?

장독대 아니면 귀여운 꽃잎

아름다운 봄볕이 너무 화려해
봄볕과 더불어 춤을 췄어요

햇볕이 그리는 수묵화를 따라
이 골목 저 골목 따라가 보니

삭아버린 옛 추억 생각이 나서
옛 님 집 그리워 기웃거려 보니
삽사리 강아지 졸고 있네요
마당에 봄볕을 퍼내고 퍼 내와
한 움큼씩 햇볕을
한 장, 한 장 바른다

한없이 흘러가는 따뜻한 온기를 실컷 마셨더니
내 몸이 둥그러지며
햇볕 냄새가 가득하다

탁한 마음 균형마저 잃어버린 시간
하얀 저녁까지 환하게 밝힌다

잃어버린 빈 마음이 하나하나 찾아들어
한 세상 가자네

내 안의 시린 북쪽이
이제 100촉으로 밝아지는데

축배는 어디서든 내게 오겠다고
손짓을 한다
- 달손 시인의 시 「빈 마음」 전문

  위 시 '빈 마음'에서는 달솔만의 독특한 그리운 시어 기법 메타포(Metaphor)의 레토릭(Rhetoric)서정성 풍요가 돋보인다.

나에게 남은 인생
길게 잡아 십여 년

연습없는 세월에
뭘 하며 걸어왔을까

병아리 눈물의 아픔
내 안의 우주 휘적시고

내 눈 머무는 곳까지
꽃동산 바라보며
창문 살짝 닫아버린 웃음
왜 이리 화끈거릴까
쓸쓸히 휘어진 미소

촘촘히 내 눈가
주름 된다
 - 달솔 시인의 시 「나의 人生」 전문

  위의 시 '나의 人生'에서는 인생과 삶에 대한 반추를 통하여 관조의 미학(美學)이 등장한다. '나에게 남은 인생/ 길게 잡아 십여 년/ 연습없는 세월에/ 뭘 하며 걸어왔을까// 병아리 눈물의 아픔/ 내 안의 우주 휘적시고// 내 눈 머무는 곳까지/ 꽃동산 바라보며/ 창문 살짝 닫아버린 웃음// 왜 이리 화끈거릴까/ 쓸쓸히 휘어진 미소/ 촘촘히 내 눈가/ 주름 된다// 삶을 오래 영위한 분의 깊은 성찰과 고루함이 촉촉이 배인 시문장이다.

  나. 사무치는 그리움과 치환(置換) 이중장치 델리카시(Delicacy)

을씨년스럽게 비 내리는 밤
보고픔 폭포수처럼 쏟아지고
슬픔 이 앓이 돼 상념 속
홀로 거닌다

애절하게 부르는 소리
방문 두드리니
신발바닥 매달고 훌쩍 뛰어

아랫목 더듬는다.

가슴타고 내려온 환한 미소
어느새 나신 되어 울먹이고
거친 춤사위 오디 향 껴안는다.

행복한 내 마음 그네를 타고
곱게 곱게 겹쳐진 구름조각
떼어 낼 마음 시킬 주르륵 비 내린다

임의 애절한 가슴이 노래한다
꿈 꿀 때 화답한 비
밤하늘 수놓은 눈 되고

백합 같은 하얀 노래 부르며
임을 위한 사랑의 시
흰 눈발에 태워 보낸다

헤어짐의 조금한 파편
시나브로 찾아온 임 생각
깊게 깊게 심장 떨게 하네
　　- 달솔 시인의 시 「달솔 연가」 전문

시편 '달솔연가'는 사무치는 그리움으로 치환(置換)된 이중장치를 통하여 시인의 결고운 델리카시(Delicacy)한 풍요를 보여준다. 이런 점이 달솔 시인의 매력 포인트로 뽑힌다. 이 가운데 '행복한 내 마음 그네를 타고/ 곱게 곱게 겹쳐진 구름조각/ 떼어낼 마음 시킬 주르륵 비 내린다/' 이 부분이 이 문장 본령의 백미(白眉)로 뽑힌다.

    그늘처럼 빈 독안으로 들어간다
    슬픔이 얼어서 핀 꽃
    옹기종기 모여 있는
    저 만삭의 몸 짓 요염하다

    길고 짧게 펑퍼짐하게
    찰랑찰랑 춤추는
    간 장속 빗물들

    물 항아리 속에 빠진 흑색 진주
    날 유혹한다

    퍼도 퍼도 흔적 없는 습기 찬 부끄러움
    사과 향기 묻은 사람에게
    고요가 끊겨버린
    하루의 근심 걱정 다 퍼내니
    달빛에 졸고 있는 내 모습에 놀란다
    못난 슬픔 한 바가지 떠서

빈 항아리에 붓는다
휘어진 달이
불어나는 저녁이다.
　- 달솔 시인의 시 「빗물 항아리」 전문

'빗물 항아리'라는 시에서는 '독 항아리'와 '빗물' '달빛'이라는 계절의 자연전령사를 차용하여 전개하는 어휘가 자연스럽고 정겹다. 자연과 시인의 합치된 의식은 서정성의 승화라는 측면에서 절묘한 이치문법이다.

빈 마음에
햇볕도 넣고
둥근달도 넣자
비와 바람 구름까지
버무려 놓는다
채우지 않아야 할
균형마저 잃어 축 늘어진
저녁까지도
한 목 한다고
두 볼이 불그레한
노을이 침을 흘린다
그리움의 表皮는 30도
인생의 온도는 100도
헛헛한 웃음소리 울음보다 쓰릴 때

빼앗긴 축복은 몇 마일 일까
시간의 속도는 얼마일까
우리 함께 보자
 - 달솔 시인의 시 「시간의 속도는」 전문

 흘러가는 시간은 세월의 무게만큼이나 빠른 찰라의 인연이다. 이러한 인연속에서 달솔 시인은 함축된 언어예술 '시'라는 그릇에 담아 오롯이 리얼리즘(Realism)의 기법으로 담아낸다.

언덕마루
이끼긴 시간
깊어져 가고

노을 아득한 데

외로움의 깊이
빈 날개 안고
살아가는 새 한 마리
꿈에 본 낯익은 둥지
바람에 흔들리며 웃는다
어느새 어두웠던 마음 흔적 없고
산딸기 향 짙은 햇살 되어
찌는 밤공기 털어낸다
 - 달솔 시인의 시 「연분홍 사랑 1」 전문

시 편 '연분홍 사랑 1'에서는 애상과 회한의 호흡을 몽환에 카르텔 기법으로 피어나고 있다. '언덕마루/ 이끼긴 시간/ 깊어져 가고// 노을 아득한데// 외로움의 깊이/ 빈 날개 안고/ 살아가는 새 한 마리// 그 시어 전개의 보폭이 운치가 있다.

    새벽이 맑고 흰 속살들
    차갑고 달달 해지면
    유년의 심장 쪽으로
    동그랗게 발자국 모으는
    그 시절 눈 뜬다

    영롱한 구슬아
    낡은 기억 헤집고 나온
    네 모습 황홀하구나

    골목과 골목이
    빨강 파랑 노랑나비 떼 되고
    궁륭(穹窿)처럼 피어나는
    아이들의 웃음소리
    살에 꿰어 걸어보고 싶구나
    남루한 시간 같은
    태양이 무서워 눈물과 몸 감추니
    얼마나 가난하고 슬프면
    대롱대롱 매달려 어지럼증 흘릴까

채워도 텅 비어만 가는
내일의 안부
속도 모르고 깔깔거리는
투명한 꽃망울들
또록또록 치열하게 눈뜨고 있다
  - 달솔 시인의 시 「이슬방울」 전문

 '이슬방울' 시편에서는 자연소재를 모티브(Moif)로 삼아 가즈런히 시를 이끌어 가고 있다. 이처럼 시에 있어서 모티브 선택은 문학에서 중요하다. 수학에서 대수 다양체의 궁극적인 성질들을 가지고 있는 대상처럼 말이다.

다. 사랑만한 소중하고 아름다운 것이 어디 있으랴?

지상의 모든 방향은
피었다 지며
서녘으로 향하고
움트는 저녁도 석양에 묻혀
저 너머로 떠난다.

북천으로
뺄목 이불 타고 떠난는
마지막 걸음 그 꿈의 여행
파한만장 세계

할아버지 숙모님
그곳에서 잘 계시지요
언제나 인연되어 함께 살까요

입에 붙은 이름들은
기억을 벗어두고
망각의 길 떠나고
부고장처럼 꺼내보는
쓸쓸한 그리움만
철지난 계절 껴입고 있다

푸른 나무 고목이 될 때
동심으로 돌아가면
만나질까

피붙이 같은
시간으로 이어진
현생과 후생

그 사이 어정쩡한
생의 환절기 앞에서
신열처럼 꽃피는
그 시절의 봄날
뜨겁게 껴안는다.

천상에서 만나자고
　　밤이 낮이 되도록
　　기도드린다.
　　　- 달솔 시인의 시 「인연」 전문

서양의 철학가 'M.밀러'는 인연에 대하여 이렇게 말했다.

"인간이 이 세상에서 사는 것은 별이 하늘에 있는 것과 같은 것이예요. 별들은 저마다 신에 의하여 규정된 궤도에서 서로 만나고 또 헤어져야만 하는 존재예요. 그것을 거부하는 것은 전연 무모한 짓이든지 그렇지 않으면 세상의 모든 질서를 파괴하는 것이예요."

　달솔 시인의 말처럼 천상에서 만나자고 밤이 낮이 되도록 기도드리는 가것 처럼…….

　꽃은 활짝 피었지만
　　세월은 바람 위로 흐르는 동안
　　꽃은 지고
　　시간들은
　　하염없이 간다

　　훔쳐온 그리움
　　가슴에 묻고

영원 속으로 슬픔 안고 간다

혹여
잊어질까
맘 한구석 푸른 집 짓고
마음 집에 꽁꽁 숨겼지만
어쩌나
망각 속에 사는 인생.
　- 달솔 시인의 시 「인생의 오솔길」 전문

달솔 시인의 말처럼 '인생의 오솔길'이다. 오가는 길목에서 많은 사람들과 만나 도란도란 삶을 이야기하고 인생을 논한다. 혹여 잊혀질까? 맘 한구석 푸른 집 짓고 마음 집에 꽁꽁 숨겼지만, 어쩌나 망각 속에 사는 인생처럼 말이다.

울퉁불퉁 꼬불꼬불
못생긴 언덕길
가시덤불 헤를 밟고
산 까치 우지 짖는 길

갈 때 숲 사이로
불어오는 회오리바람
수레로 밀려온 고요
멀기도 하구나

돛단배 같은 그리움 감싸고
눈물어린 엄마 모습
얼싸안은 길.
 - 달솔 시인의 시 「외가 가는 길」 전문

 누구한테나 외가(外家)가는 길은 아련하고 정겹고 그립다. 달솔 시인은 울퉁불퉁 꼬불꼬불 못생긴 언덕길을 가시덤불 해를 밟고 산 까치 우지 짖는 길을 돌아 숲 사이로 불어오는 회오리바람을 안고 간다. 고즈넉한 정겨움과 수레로 밀려온 고요가 밤에 달빛처럼 수런거린다.

녹슬어가는 시간 멀어져 가고
저녁노을 아득한데

외로움의 깊이와 높이
빈 날개 안고 살아가는 나
꿈에 본 임
방긋 웃는다
우울했던 마음 환해진다
붉은 얼굴 햇살처럼 반가움에
찌는 밤공기 흔든다

다시 못 볼 것 같은 얼굴
보고픔에
어찌 잊을 손가

가는 말 오는 말 다 접어두고
　　한 번 더
　　　- 달솔 시인의 시 「사랑」 전문

　이 세상에 사랑만한 소중하고 아름다운 것이 어디 있으랴? 달솔 시인의 표현처럼 다시 못 볼 것 같은 얼굴 보고픔에 어찌 잊을 손가? 가는 말 오는 말 다 접어두고 한 번 더……

　저 유명한 조선조 승문원(承文院)학자 박세무(朴世茂)는 우리 인간에 대하여 이렇게 말 했다. 천지지간 만물지중 유인최고(天地之間 萬物之衆唯人最高)하늘과 땅 사이에 살아있는 만물 중에 사람이 가장 귀한 존재가 없으리라!

　또한 옛 시조에서 처럼 '사랑이란 무엇인가?' 사랑이 그 어떠하더냐?/ 둥 그더냐 모가 난 것 이더냐?/ 길더냐 짜르더냐?/ 밟아 재고도 남아 자로 재겠더냐?/ 하그리 긴 줄은 끝 간 곳을 모르겠노라!// 라고 했다.

3. 소박한 시어, 독특한 개성, 산뜻한 온아우미(溫雅優美), 메타포(Metaphor)의 레토릭(Rhetoric) 서정성 풍요

　이상과 같이 살펴본 결과 '달솔 장문자 시인'의 시 편에 흐르는 이상적(理想的)인 시의 사상은 소박한 시어와 독특한 개성 산뜻한 온아우미(溫雅優美)의 따뜻한 서정성이 풍요를 이룬다.

보태지도 빼지도 않은 담담한 달솔만의 유니크(Unick)한 시어가 특징이다. 근래 포스트 모더니즘(PostModernism) 문학 현대 모더니즘의 계열처럼 난해하고나 고답적이지 않다는 점이다.

또한 달솔 시인은 함축된 언어예술을 '시'라는 그릇에 담아 오롯이 리얼리즘(Realism)의 기법으로 담아 낸다. 자연과 시인의 합치된 의식은 서정성의 승화라는 측면에서 절묘한 이치이다.

따라서 달솔 장문자 시인은 소박한 시어와 독특한 개성 산뜻한 온아우미(溫雅優美)의 따뜻한 시를 빗는 빛고을 시인(詩人)이다. 시 창작의 기법 또한 메타포(Metaphor)의 레토릭(Rhetoric)의 서정성을 풍요롭게 잘 담아냈다.

4. 시론(詩論)에 대하여

사상과 감정의 주관적 이미지를 운율적 언어로 표현한 분야가 문학이다. 시(詩)는 자연과 인생에서 체험한 생각과 느낌을 상상을 통해 율문적인 언어를 압축 형상화하는 창작문학의 양식이다.

예술성, 음악성, 압축성, 주관성, 정서성이 있어야 하며 구성요소로는 음악적 요소 리듬(Rhythm)과 회화적 요소인

이미지(Image), 의미적 요소인 정서와 감각요소, 주요소가 전제되어야 한다.

BC 384년 마케도니아 출신 고대 그리스의 철학자 '아리스토텔레스'는 시에 대하여 이렇게 말했다.

"시는 자연의 모방이다. 시는 역사보다 더 철학적이고 근엄하며 더 중요한 무엇이다. 역사가 말해 주는 것은 독특한 것들이지만, 시가 말해 주는 것은 보편적인 성격을 띠고 있다."

또한 18세기 영국의 낭만파 시인 '퍼시 셸리'는 시인을 이렇게 평가했다.
"시인은 어둠 속에 앉아 자신의 외로움을 달래기 위해 아름다운 목소리로 노래하는 나이팅게일이다."

그리고 18세기 미국의 시인이자 수필가 '월터 휘트먼'은 시인을 이렇게 묘사했다.

"알려진 우주에는 한 사람의 완전한 연인(戀人)이 있으니, 그는 가장 위대한 시인이다."

□ 마음 따뜻, 아담하며 아름다운 달솔 시인은?

오늘 만난 마음이 따뜻하고 아담하며 아름다운 장문자(장선우)

시인은 호남권 장수 종합문학지 계간 현대문예를 통하여 시와 수필로 추천되어 한국문단에 영예스럽게 이름을 올렸다.

 그간 저서 『굽이쳐 흐르는 강물처럼』 한데 이어 이번에 첫 시집 『추억의 하루』를 출간하였다. 그간 공로로 비영리 문화나눔 민간단체 한국문화해외교류협회로 부터 영예의 제10회 2024년 한국해외문학상 수상과 국제개발연구원 우수상, 운동주문학상을 수상하였으며, 현재 한국문화해외교류협회와 대전중구문인협회 이사, 현대문예협회 부회장, 광주문인협회 회원을 비롯하여 전남여고문학회 회원으로 활동하고 있다. 아울러 국내 여성으로는 드물게 고압가스 화학 1급 기사를 취득하였다.

대한민국 중원땅 한밭벌 보문산 아래 문인산방에서
지구촌 나그네 나은 길벗 쓰다 김 우 영

현대문예 작가선 · 177
추억의 하루 | 장문자 시사집

지 은 이 / 장 문 자
펴 낸 이 / 황 하 택

찍은 날 / 2024년 9월 26일
펴낸 날 / 2024년 9월 30일

펴낸 곳 / 도서출판 현대문예
등록번호/ 제05-01-0260호
등록일자/ 2001년 12월 31일

우)61479 광주광역시 동구 천변우로 361-6
전화 / (062) 226-3355   팩스 / (062) 222-7221
E-mail / ht3355@hanmail.net
　　　　　htht3355@naver.com

정가 12,000원
ISBN 979-11-94185-02-4(03800)

* 잘못된 책은 바꾸어드립니다.